EXPOSITION UNIVERSELLE

DE CHICAGO

1893.

LA GUADELOUPE

PAR

L. GUESDE.

BASSE-TERRE

IMPRIMERIE DU GOUVERNEMENT

1892

EXPOSITION UNIVERSELLE

DE CHICAGO

—

1893.

LA GUADELOUPE

PAR

L. GUESDE.

BASSE-TERRE

IMPRIMERIE DU GOUVERNEMENT

—

1892

LA GUADELOUPE.

NOTICE HISTORIQUE.

C'est le 4 novembre 1493, au cours de son second voyage dans le nouveau monde, que Christophe Colomb, en quittant la Dominique et Marie-Galante, découvrit l'île appelée Turukéra ou Karukéra par les Caraïbes qui l'occupaient.

Colomb changea ce nom en celui de Guadalupe pour tenir la promesse qu'il avait faite aux moines du couvent de Notre-Dame de Guadalupe, en Estramadure, de donner le nom de leur patronne à l'une des terres qu'il découvrirait.

Colomb débarqua dans la baie de Sainte-Marie, et le 10 il fit route vers le N. O.

En 1496, Colomb revint à la Guadeloupe, mais il n'y fonda aucun établissement.

C'est en 1515 seulement que Ponce de Léon, un Espagnol, chercha à y coloniser, mais il dut renoncer bien vite à son projet à cause de l'attitude des Caraïbes.

En 1523, le roi François Ier y envoya des

missionnaires pour catéchiser les Caraïbes, mais ceux-ci les massacrèrent.

En 1626, Denambuc obtint du cardinal de Richelieu l'autorisation de créer la Compagnie des Iles d'Amérique pour une durée de vingt années. Il eut à lutter contre les Anglais et les Espagnols qu'il trouva installés dans l'île, mais il en eut raison et les obligea à déguerpir.

En 1635, Denambuc céda son privilège à de l'Olive et à Duplessis qui s'installèrent le 28 juin, le premier, à l'Ouest de la Pointe-Allègre sur la rivière du Vieux-Fort, le second, à l'Est de la même pointe sur la rivière du Petit-Fort.

A partir de cette époque la colonie traversa des phases assez critiques et ne commença à prospérer qu'en 1640.

De 1644 à 1648, des sucreries se fondent à la Guadeloupe, c'est la génèse de la culture de la canne à sucre dans l'île.

En 1664, la Guadeloupe passe aux mains de la Compagnie des Indes Occidentales avec un privilège de quarante années; mais dix ans plus tard Louis XIV réunit les Antilles au domaine de la Couronne.

De 1690 à 1816, la Guadeloupe passa plusieurs fois sous la puissance de l'Angleterre; elle fut pendant cette période le théâtre de luttes héroïques dans lesquelles les colons firent preuve d'un courage et d'un patriotisme au-dessus de toute expression.

Le 15 juillet 1816, elle devint définitivement terre française.

NOTICE GÉOGRAPHIQUE.

La Guadeloupe est située dans l'Océan Atlantique par 15° 59' de latitude Nord et 63° 32' de longtitude Ouest.

Elle fait partie du groupe des Iles du Vent.

Elle est divisée en deux îles bien distinctes par un détroit de six milles de longueur qui s'étend du N. au S. et que dans l'origine on a appelé la Rivière-Salée, nom qui lui est resté.

Ce détroit profond de 5 à 6 mètres entre ses bords, et dont la largeur varie de 30 à 120 mètres, n'est navigable que pour des bateaux d'un faible tonnage à cause des hauts fonds qui se présentent à chacune de ses extrémités.

L'île située à l'Ouest de la Rivière-Salée porte le nom de GUADELOUPE PROPREMENT DITE et celle située à l'Est porte le nom de GRANDE-TERRE.

La GUADELOUPE PROPREMENT DITE a la forme d'une ellipse irrégulière dirigée N. S.; elle a un pourtour de 180 kilomètres et sa superficie est d'environ 94,600 hectares, dont 42,000 hectares de forêts inexploitées.

De formation volcanique, elle est parcourue dans toute sa longueur par une chaîne de montagnes qui la partage en deux versants E. et O. Le volcan de la Soufrière encore en pleine activité, s'élève dans le Sud à 1,484 mètres de hauteur.

De nombreuses rivières dont les plus importantes sont : La grande Rivière-Goyave, la Grande-Rivière de la Capesterre, la Grande-Rivière des Habitants, la Lézarde, la rivière des Galions coulent sur ses deux versants.

Plusieurs échancrures offrent de bons mouillages aux navires, ce sont, sur la côte occidentale : Deshaies et l'Anse à la Barque ; sur la côte orientale : Sainte-Marie et le Petit-Bourg.

La GUADELOUPE PROPREMENT DITE abonde en sites merveilleux, en cascades enchanteresses, en paysages ravissants qui font l'admiration des touristes et des excursionistes.

La GRANDE-TERRE a la forme d'un triangle ayant 48 kilomètres de l'E. au N.-O. et 28 kilomètres du N. au S. Son pourtour mesure

264 kilomètres et sa superficie est de 56,631 hectares.

La GRANDE-TERRE est de formation calcaire sur base volcanique ; son sol plat et en terrasse est hérissé de mamelons nus ou boisés séparés par des gorges étroites ou de vastes plaines.

Elle est dépourvue de cours d'eau, mais on y rencontre quelques sources d'une eau très chargée de sels calcaires.

C'est sur le pourtour de la GRANDE-TERRE que l'on rencontre les principaux ports de la colonie : la Pointe-à-Pitre, le Moule, Saint-François, Sainte-Anne, le Port-Louis.

DÉPENDANCES.

Les dépendances de la Guadeloupe sont, dans le sud : Marie-Galante, dans le N.-E. ; la Désirade, dans le N.-O. les Saintes, Saint-Barthélemy et Saint-Martin.

MARIE-GALANTE est située par 16° 3' de latitude N. et 63° 29' de longitude O, à huit lieues de la Pointe-à-Pitre.

Marie-Galante vient de *Maria-Galanta* nom du navire que montait Colomb quand il aborda cette île en 1493.

C'est une terre de formation calcaire dont la

circonférence est de 83 kilomètres. Elle est parcourue par des mornes dont le plus élevé a deux cents mètres d'altitude.

La DÉSIRADE, de formation calcaire, est située par 16° 21' de latitude N et 63° 22' 51" de longitude O, à six lieues N.-E. de la Pointe-à-Pitre ; elle a deux annexes, les îles de la Petite-Terre, dites Terre-de-Haut et Terre-de-Bas.

La DÉSIRADE mesure deux lieues de long sur une lieue de large ; elle est parcourue par des mornes dont la plus grande altitude est 278 mètres.

C'est le point d'attérissage des navires qui viennent d'Europe à la Guadeloupe.

Les SAINTES, de formation volcanique, sont situées par 15° 54' 30" de latitude N. et 64° 4' 40' de longitude O ; elles sont au nombre de sept et mesurent deux lieues de longueur de l'E. à l'O, sur une lieue de largeur. Elles portent les noms de : Terre-de-Bas, Ilet à Cabris, Terre-de-Haut, Perin, Grand-Ilet, la Coche, les Augustins. La plus élevée mesure 316 mètres d'altitude, c'est la Terre-de-Haut.

Les Saintes offrent une rade très belle et très sûre, où une flotte importante pourrait se mettre à l'abri des coups de vent ; cette rade offre l'avantage de posséder deux passes.

———

Saint-Barthélemy, de formation volcanique, est située à trente lieues N.-N.-O. de la Guadeloupe par 17º 5' 35" de latitude N. et 65º 10' 30" de longitude O.

Elle a huit lieues de tour ; ses bords très découpés offrent de bons abris pour les navires de faible tonnage ; le plus important est celui de Gustavia.

———

Saint-Martin, de formation calcaire est située par 18º 5' 3" de latitude N. et 65º 23' 25' de longitude O. à 45 lieues de la Guadeloupe.

Elle a dix-huit lieues de tour et est couverte de mornes dont le plus élevé mesure 585 mètres d'altitude. Ses bords comportent des baies profondes constituant d'excellents mouillages pour les plus gros navires ; le plus important est celui du Marigot.

Les deux tiers de l'île seulement appartiennent à la France, l'autre tiers appartient à la Hollande.

NOTICE POLITIQUE.

La Guadeloupe est administrée par un Gouverneur qui représente le Chef de l'État; un Conseil privé consultatif est placé près du Gouverneur.

Un Conseil général, élu, vote les recettes et les dépenses.

Le Gouverneur est assisté d'un certain nombre de fonctionnaires qui dirigent les différents services de la colonie, et dont les deux plus importants sont le Directeur de l'intérieur et le Procureur général.

Le Directeur de l'intérieur est chargé de l'Administration intérieure de la colonie et de tous les services qui en dépendent, il remplace le Gouverneur en cas d'absence.

Le Procureur général dirige le service judiciaire qui comporte une Cour d'appel, des tribunaux de première instance, des justices de paix et des officiers ministériels.

Après eux viennent le Chef du service administratif de la marine, le Trésorier payeur, le Chef du service de santé, le Commandant des troupes et le Directeur de l'artillerie.

La Guadeloupe a trois représentants au

Parlement français : un sénateur et deux députés. Elle jouit du suffrage universel et de l'institution du jury.

Il y a à la Guadeloupe un grand nombre d'institutions diverses dont le siège est réparti entre les principales villes de la colonie. Ce sont : des conseils d'hygiène et de salubrité, des cours d'accouchement, des bibliothèques publiques, des chambres d'agriculture, des chambres de commerce, une chambre syndicale du commerce, des comités d'exposition, un jardin botanique, deux musées, une banque de crédit et d'émission, le crédit foncier colonial, une caisse d'épargne, une imprimerie du Gouvernement, une manufacture des tabacs, un orphelinat, une crèche, une clinique ophtalmologique, un hôtel-Dieu, des hospices, un asile d'aliénés, une léproserie, trois hôpitaux militaires, un lycée, un collège, un fort beau pensionnat de jeunes filles, de nombreuses écoles laïques, une société philotechnique, un champ de courses, trois loges maçonniques, etc., etc.

La Guadeloupe est divisée en trois arrondissements : Pointe-à-Pitre, Basse-Terre, Marie-Galante.

Ces trois arrondissemsnts sont divisés en onze cantons qui comprennent trente-quatre communes.

Les villes les plus importantes à la Grande-Terre sont : 1º la Pointe-à-Pitre, grand et important centre commercial dont le port est un des plus beaux et des mieux abrités de toute la chaîne des Antilles. Ce port peut recevoir les navires du plus fort tonnage ; un système de phares, de feux, de balises en rend l'entrée très facile de jour comme de nuit. Des études faites, il résulte qu'il serait très facile de canaliser la Rivière-Salée, ce qui serait un immense avantage pour les navires venant d'Europe ou y allant ; 2º le Moule, grand centre sucrier dont le port, bien que d'un accès difficile, reçoit tous les ans un grand nombre de navires de fort tonnage.

A la Guadeloupe proprement dite, on ne rencontre que la Basse-Terre. Bâtie en amphithéâtre sur la côte Sud-Ouest, elle est le chef-lieu de de la colonie et le siège du gouvernement ; sa rade ouverte est exposée aux vents du large et aux ras de marée.

Un service de bateaux à vapeur et de diligences met chaque jour la Pointe-à-Pitre en communication avec le chef-lieu en passant par toutes les communes côtières de la Guadeloupe proprement dite.

De nombreux services de diligences, de chaloupes à vapeur et de pirogues mettent en communication la Pointe-à-Pitre avec les communes de la Grande-Terre.

Un réseau téléphonique couvre la Grande-Terre et la Guadeloupe reliant entre eux non seulement les bourgs et les villes mais encore tous les centres sucriers.

Le *Royal Mail* et la Compagnie générale transatlantique mettent huit fois par mois la Guadeloupe en communication avec l'Europe, quatre fois aller et quatre fois retour ; la Compagnie transatlantique la met en communication avec l'Amérique du Sud, quatre fois par mois, deux fois aller, deux fois retour.

Deux câbles sous-marins, l'un français, l'autre anglais portent chaque jour les nouvelles saillantes du monde entier.

Depuis quelques mois une ligne de steamers fait régulièrement le service entre la colonie et les Etats-Unis d'Amérique.

Les dépendances sont reliées à la Guadeloupe par bateaux à vapeur et voiliers, un câble

sous-marin relie Marie-Galante à la Pointe-à-
Pitre.

Les Etats-Unis d'Amérique, l'Angleterre, les
Pays-Bas, la Suède, la Norvège, le Danemark,
les États-Unis du Vénézuéla ont des consulats
à la Pointe-à-Pitre.

NOTICE ÉCONOMIQUE.

La Guadeloupe proprement dite possède de
nombreuses sources thermo-minérales, les unes
sulfureuses, les autres salines avec dépôt ferrugineux ; les plus importantes sont celles de Dolé,
de la Ravine-Chaude, de Sofaïa.

Sur certains points du rivage on rencontre
des gisements très abondants, d'un sable noir
ferrugineux avec lequel on fait d'excellent acier ;
sur d'autres points on rencontre des carrières
importantes de pouzzolane.

Dans les montagnes poussent spontanément
de nombreuses essences utilisées pour les constructions, le charronnage, la menuiserie, l'ébé-
nisterie, la tannerie.

A la Grande-Terre, dans le quartier de Sainte-
Anne et à Marie-Galante dans le quartier du
Vieux-Fort, il y a des carrières d'une excellente
pierre blanche calcaire à bâtir d'un grain très

fin, très serré, bien supérieure à toutes celles des autres carrières de l'île.

A Saint-Barthélemy, il existe des mines inexploitées de plomb et de cuivre.

A Saint-Martin, on exploite des salines importantes et de nombreuses carrières de terre rouge plastique ; on y rencontre aussi des gisements de phosphate de chaux. Sur les mornes pousse spontanément le *quassia amara*.

Les plantes cultivées sont : la canne à sucre, le café, le cacao, la vanille, le vanillon, le roucou, le manioc, les ignames, les bananes, les patates, les madères, les malangas, le maïs, la casse, les couscous, les ananas, le coton, la muscade, le poivre, la girofle, le bois d'Inde, le cocotier, le tabac, le riz, etc., etc.

Les principales denrées d'exportation sont le sucre, le rhum, le café, le cacao, le roucou, la vanille et le vanillon, les ananas, le campêche, les mélasses.

La moyenne des exportations pendant les cinq dernières années donne les proportions suivantes :

Sucres de toute nature... 46,993,963ᵏ 000
Café..................... 424,042 000

Cacao......................	240,825ᵏ 000
Roucou......................	193,775 000
Vanille et vanillon........	6,286 666
Ananas.....................	140,171 000
Campêche...................	6,055,147 000
Mélasses...................	1,063,665 lit.
Rhum.......................	3,378,950 lit.

Les principales industries de la Guadeloupe sont celles qui ont trait à la fabrication du sucre, du rhum, des cuirs, des poteries, des conserves d'ananas, des confitures, des chocolats, des fécules, des meubles, des petites constructions navales.

On remarque aussi à la Pointe-à-Pitre une forge importante et une fonderie appartenant à la compagnie des bateaux à vapeur de la Guadeloupe.

———

La Guadeloupe a toujours figuré avec honneur dans toutes les expositions qui se sont ouvertes dans l'ancien continent; elle y a recueilli successivement de nombreuses et importantes récompenses qui lui font occuper le premier rang parmi les anciennes colonies françaises.

Pointe-à-Pitre, le 30 mai 1892.

L. GUESDE.

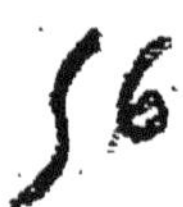